LA FAMILLE
ROBERT DE BOISFOSSÉ

PAR

L'Abbé TEILLET

Curé d'Antigny

VANNES

LIBRAIRIE LAFOLYE

—

1896

LA FAMILLE
ROBERT DE BOISFOSSÉ

PAR

L'Abbé TEILLET

Curé d'Antigny

VANNES
LIBRAIRIE LAFOLYE
—
1896

LA FAMILLE ROBERT DE BOISFOSSÉ

Armes : *D'azur au lion rampant d'or.*

D'après les documents que nous avons sous les yeux, la famille Robert se divisait en deux branches principales : les Robert de Lézardière et les Robert de Boisfossé. Les uns et les autres furent maintenus dans leur noblesse, mais leurs armes ne sont pas les mêmes : nous donnons ci-contre le blason des Robert de Boisfossé. Les Robert de Lézardière portent : *D'argent à 3 quintaines de gueules.*

C'est au XI° siècle qu'il faut remonter pour trouver l'origine de cette ancienne famille. Un Robert prend part à la dernière croisade. Pierre Robert, écuyer, était au XVI° siècle, sgr de Lézardière, chevalier de Notre-Dame du Mont-Carmel et de Saint-Lazare de Jérusalem, gentilhomme de la Chambre du Roi. Ses descendants furent gouverneurs du château de la Chaume et de la ville des Sables. L'un des membres les plus remarquables de cette branche fut peut-être Louis-Jacques-Gilbert Robert de Lézardière, baron de Poiroux que MM. Fillon et Verger nous ont fait connaître d'une manière très avantageuse.

Il prit une part active à la guerre de Vendée. Son château fut brûlé, lui fut mis en prison, sa femme mourut de chagrin et trois de ses fils furent victimes de la Révolution.

Parmi ses nombreux enfants, nous remarquons :

Jacques-Paul-Toussaint, lieutenant de vaisseau, qui montra sa piété filiale, en se livrant au Tribunal révolutionnaire pour sauver son père ;

Jacques-Augustin, élève de Saint-Sulpice, qui fut massacré aux Carmes :

Louise, en religion mère Sainte-Angèle, qui fonda un couvent d'Ursulines à Boisgrolland ;

Marie-Charlotte-Pauline, l'auteur célèbre de la *Théorie des lois politiques de la Monarchie française*, qui est née au château de la Vérie, paroisse de Challans, le 25 mars 1754 et décédée en 1835, au château de la Proutière, paroisse de Poiroux. Son travail reçut de dom Poirier, l'un des plus savants bénédictins de l'abbaye de Saint-Maur, l'approbation la plus flatteuse :

« Cet ouvrage l'un des plus savants et le plus méthodique que l'on ait composé sur le sujet annoncé par le titre, est le fruit de vingt années de recherches immenses et d'un travail assidu. »

Voici quelques principes puisés dans son livre :

« La nation des Francs possédait, avec l'énergie militaire qui assure la domination matérielle, l'instinct politique et la prudence qui donnent la puissance morale. »

« Le peuple le plus soumis à la religion est celui qui ressent le mieux son influence morale. »

« La Religion imprimait son sceau à tous les devoirs politiques et civils dans les siècles de chevalerie : elle était le premier garant des vertus *civiles et publiques*. »

« Après le serment religieux et civil des sujets et du monarque, il était impossible de séparer aux yeux d'un Français la fidélité à son Dieu de la fidélité à son Roi et à sa Patrie. »

La famille Robert de Lézardière avait deux maisons principales : le château de la Proutière dans la paroisse de Poiroux, près d'Avrillé et le château de la Vérie, dans la paroisse de Challans.

Non loin de ce dernier, à un kil. à peine, s'élevait jadis une autre habitation seigneuriale, occupée, depuis bien des siècles, par la famille Robert de Boisfossé.

Cette demeure portait le nom de Boisfossé et c'est de là que la famille Robert, dont nous voulons parler a tiré son nom de noblesse. Elle n'est plus ce qu'elle était autrefois.

Aujourd'hui, ce n'est plus qu'une modeste ferme, cachée dans le feuillage verdoyant ; — le portail seul rappelle son glorieux passé et porte gravée, dans la pierre, la date de sa construction : 1448.

Un inventaire de 1785 nous fera connaître de quelles pièces se composait la maison à cette époque.

Le 16 juin 1785, après la mort de Louis-Philippe Robert de Boisfossé, sur la demande de sa veuve, tutrice des enfants, a été fait l'inventaire suivant par les notaires de la baronnie de Commequiers lez Challans, avec le concours des experts : Joseph Rigalleau, maçon, demeurant au bourg de Challans et Jean Charon, laboureur, demeurant à la Juisière.

Le château comprend :

1° Au rez-de-chaussée.

Le salon, dont une porte ouvrait sur le jardin au nord, et l'autre sur la cour ;

La cuisine, qui est à côté du salon, au soleil levant ;

La salle qui a vue sur le jardin et sur la cour ;

La cave qui ouvre sur la cour et sur la salle ;

2° Au 1er étage :

La chambre au-dessus du salon,

La chambre au-dessus de la salle,

Le grenier, à côté de cette chambre au soleil couchant ;

Le grenier au-dessus de la cave ;

3° Dans la cour : Une chambre avec pressoir,

L'écurie, une petite chambre basse : donnant sur la cour et ayant vue sur le jardin au soleil levant, — la boulangerie qui touche cette chambre, — 2 portails d'entrée en mauvais état, — des douves autour du jardin presque comblées, — à côté une vigne très vieille.

4° Auprès de la maison seigneuriale s'élève la maison du fermier avec ses dépendances, — Celui-ci se nomme Gauvrit.

5° La petite maison, appelée la Tuilerie, est occupée par Jean Moiseau, journalier et consiste dans une chambre basse, — à côté, est une autre chambre, habitée par Louis Biron, journalier.

Pendant la Révolution, le château de Boisfossé servit d'hospice pour les enfants abandonnés et pour ceux dont les parents étaient traînés en prison. A plusieurs reprises, il fut délivré des autorisations dans le genre de celle-ci :

« Il est permis aux citoyens officiers, composant le district de Challans de retirer des prisons de cette place les deux enfants qui y sont transférés, d'autant que l'humanité souffre.

L'adjudant-général, MANGEIN.

Challans, le 26 floréal, l'an II° de la République.

A la suite d'une expédition militaire qui s'était faite du côté de Saint-Paul, deux femmes furent incarcérées ; l'une était enceinte et l'autre nouvellement accouchée ; cette dernière avait conservé son enfant, que les farouches révolutionnaires avait épargné, pendant qu'ils en embrochaient tant d'autres. Ces deux femmes, sur les instances de l'administration civile, furent envoyées à Boisfossé ; la première s'évada, l'autre étant malade y resta plusieurs jours. Mais le général, qui envoyait à Nantes un certain nombre de prisonniers, fit prendre cette malheureuse avec son enfant et l'expédia probablement à la mort. Le mari de cette infortunée vint réclamer sa femme et son enfant. C'était un nommé Barreaud, cultivateur, demeurant à la Clavière (ou Clavelière, paroisse de Commequiers.

On prit des informations à Nantes, mais toutes les recherches furent inutiles, comme le prouve la lettre suivante :

*Le citoyen Le Roux au citoyen Merlet,
Administrateur à Challans*

Nantes, le 21 fructidor l'an 11ᵉ de R. F.

Citoyen, j'ai bien reçu vos deux lettres des 13 et 16 de ce mois, auxquelles je n'ai pu répondre plus tôt, ayant été accablé d'occupations, dont je suis même très fatigué. Ne pouvant aller aussi loin que la maison d'arrestation, où on met ordinairement les gens de la campagne laquelle est à près d'une lieue de chez moi, j'y ai envoyé un homme de confiance qui y a inutilement recherché Jeanne Aubert, femme de Barreau, cultivateur à la Clavelière, commune de Commequiers avec son enfant de 8 ans. Le concierge de cette maison lui a assuré qu'elle n'y était point entrée. Le dit homme de confiance fut ensuite à la maison des ci-devant Saintes Claires ; on lui assura qu'elle n'y était point et qu'elle n'y avait point été. On lui en a dit autant à la prison du Bouffay ainsi qu'à la maison du ci-devant Bon Pasteur, où il y avait beaucoup de femmes de la campagne. Comme le dit homme de confiance est de garde depuis hier midi, il n'a pu faire d'autres recherches, mais il va les continuer dans les autres maisons d'arrêt et je désire beaucoup qu'il puisse réussir à la découvrir et qu'elle soit bientôt rendue à son mari. Il a eu bien soin de demander dans les 4 maisons où il a été, si elle n'était portée avec son enfant sur les registres tenus pour les écrous et les concierges lui ont assuré que non. Ce serait comme vous le dites, une grande satisfaction pour vous et pour moi, si nous pouvions contribuer à réunir chez elle cette famille désolée.

Salut et fraternité.

CHARLES LE ROUX.

Nous savons par ailleurs que ces deux victimes ne furent jamais découvertes ; mais on ignore si elles périrent sous le couperet de la guillotine ou dans les eaux de la Loire.

A Boisfossé, il y avait un commissaire spécial chargé de visiter journellement l'hospice et de rendre compte de l'état des enfants. Il y avait également un médecin M. Le Tenneur, qui reçut la lettre suivante :

Les administrateurs du district de Challans au citoyen Le Tenneur, officier de santé.

A Challans, le 16 messidor l'an II de la R. F.

« Nous apprenons que l'enfant malade à Boisfossé est dans le plus triste état ; qu'une des gardiennes est malade et que vous n'avez point fait de visite à ces malheureux aujourd'hui, nous vous engageons au nom de l'humanité à leur donner tous les soins que leur position exige et à nous rendre compte de leur état ».

Quelques jours auparavant, le 3 messidor, M. Le Tenneur avait aussi reçu cette admonestation :

« Nous ne pouvons qu'être douloureusement affectés de voir que malgré les instances réitérées que t'a faites cette administration pour aller porter les secours de ton art aux enfants de Boisfossé, tu oublies et nos invitations et tes promesses. Comment se peut-il qu'un bon citoyen, un vrai républicain abandonne ainsi des frères qui sont dans le besoin ? ta délicatesse même n'est-elle point affectée d'une négligence aussi condamnable. Nous aimons à croire que par la suite nous n'aurons pas les mêmes torts à te reprocher. Nous t'y invitons au nom de l'humanité. Tu feras ton devoir et tu nous épargneras les reproches de la société populaire ».

Nous avons aussi une Mémoire du même médecin, que nous transcrivons ici, en partie du moins.

« Mémoire des Voyages faits par le citoyen Le Tenneur à l'hospice de Boisfossé près Challans, sur l'invitation des administrateurs du district.

Le 22 floréal, un voyage pour visiter les gardes et les enfants de Boisfossé ;

Le 24 floréal, un voyage et 2 vomitifs pour deux gardes ;
Le 25   »   »   et 4 bols stomachiques pour un garde ;
Le 27   »   »   2
Le 28   »   »   et 2 vomitifs pour deux filles.
Le 18   »   »   et 4 vomitifs.
Le 7 messidor   »   et de l'eau-de-vie camphrée.
Le 8 thermidor   »   purgé un enfant.
Le 9   »   »   purgé la petite Macé et la veuve Sire.
Le 20   »   »   eau-de-vie camphrée pour un petit garçon.
Le 20 fructidor, un emplâtre pour la tête d'un enfant.
Le 19 vendémiaire, 31 cantharides.

. . . .

Nous soussignés certifions le présent mémoire montant à la somme de 204 livres, taxé par nous.

Challans, le 4 floréal de la III° année de la République française une et indivisible.

BOISSELIER, officier de santé.
CRÉPIN, officier de santé.

A une époque que nous ignorons, la maison de Boisfossé cessa d'être un hospice et nous avons même lieu de croire que cette affectation ne dura pas de longues années. En 1796 et 1797, elle était habitée par des fermiers « qui cultivaient le jardin et pêchaient du poisson dans les douves. »

Elle a été reconstruite depuis : il n'y a plus aujourd'hui qu'un rez-de-chaussée, mais, si cette habitation est moins importante, elle a conservé la même disposition pour les diverses pièces qui la composent. La cour est toujours aussi spacieuse et la porte d'entrée, assez bien conservée, est toujours là, avec ses piliers de forme monumentale, pour rappeler les gloires d'autrefois.

Essai généalogique sur la famille Robert de Boisfossé.

1. Alain Robert, ec., (vers 1490) eut pour fils Nicolas, qui suit :

2. Nicolas Robert, ec., sgr de Chaon, épousa en premières noces Catherine du Tréhan dont il eut un fils nommé Claude ; d'un second mariage avec Marguerite du Chaffaut, il eut 1° Jean, qui suit : 2° Renée ; 3° Joachim, qui mourut sans descendance et probablement 4° Jacques, ec , sgr de Chaon.

Le 13 mai 1518, il rend aveu au sgr de la Chalonnière de l'hostel de l'Hébergement, de Boisfossé, etc., reçu sous le scel de la Chèze-Giraud. Sa veuve Marguerite du Chaffault, rend hommage à Mathurin Le Roux, ec., le 25 août 1543. Il avait fait son testament le 25 octobre 1538 en faveur de sa 2° femme et de Claude son fils aîné ; ce dernier le 29 avril 1549, passe une transaction avec sa belle-mère, qui agissait tant en son nom que comme tutrice de Jean, Renée et Joachim. Contrat de délaissement fait par Marguerite du Chaffaut, dame de Boisfossé, à Jean Robert, ec., son fils, le 27 avril 1564 et le 8 octobre 1565, elle teste en faveur d'une nièce, dernière marquise du Chaffaut.

3. Jean Robert, ec., sgr de Boisfossé, partage avec Jacques Robert, les biens de Joachim leur frère, le 15 juin 1561, acte passé sous la cour de la Motte-Achard. Il épouse Renée Morisson, le 4 novembre 1562, et par acte passé ce même jour devant ladite cour de la Motte-Achard, les nouveaux époux se donnent mutuellement leurs biens propres. De ce mariage naquit Claude, qui suit :

4. Claude Robert, ec., sgr de Boisfossé, épousa Jeanne Rondeau, le 14 mars 1605. Le 25 août 1599, il avait passé une transaction avec demoiselle Louise Robert, dame de la Rimonière, sa sœur probablement.

Il rendit hommage au sgr de la Chalonnière, par acte reçu sous la cour de Commequiers, le 2 septembre 1594. Il eut pour enfants :

1° Guillaume, sgr de Logerie, né le 23 avril 1612, qui épousa Germaine Bufféchol, le 24 février 1650 ; le contrat de mariage est passé sous le scel de Challans ; 2° Louis, qui suit ; 3° Gilles, qui épousa Ysabelle de St-Aubin, seigneur et dame du Vignaux, dont il eut : A.) Marquise ; B.) Ollive ; C.) Louise ; D.) François, ec., sgr de Natais, demeurant au lieu noble de la Jaulonnière, en Sallertaine, qui épousa le 30 juillet 1675, Françoise Cormier, fille de defunt noble Mathurin Cormier et de Renée Dorineau, sgr et dame des Homeaux, demeurant au bourg de Sallertaine. Il était mort le 8 juin 1690 : à cette date, sa veuve, comme tutrice de ses enfants mineurs, fait faire l'inventaire de ses biens. Leur fils Jacques, ec., sgr de Bois-Sableau, épousa en 1698, Anne Robert, sa cousine, au 3ᵉ degré de consanguinité, fille de Mᵉ Jean Robert et de dame Marie Berlaud. La bulle du pape Innocent XII, qui donna la dispense nécessaire est datée des Nones de mai 1698 ; 4° Claude : 5° Louise, qui épousa noble Louis Pleumogat, sgr des Homeaux, sénéchal de Saint-Gervais, du Coutumier, de Bois de Cené, etc., et demeurant en sa maison de la Coinderie, paroisse de Bois de Cené. En 1671, échange entre ledit sgr des Homeaux, au nom de ses enfants, qui sont héritiers de leur oncle Guillaume Robert, sgr de Logerie — et Jean Robert, ec., sgr de Boisfossé, y demeurant — d'une maison avec jardin sise dans le bourg de Challans sur la route de Bois de Cené et sur le chemin allant des Halles à la chapelle de Saint-Symphorien, contre une rente de 10 livres que le sgr de Boisfossé s'engage à payer annuellement. Les enfants de Claude Robert partagèrent les biens paternels le 7 juillet 1634.

5. **Louis Robert**, ec., sgr de Boisfossé, épousa Elisabeth-Ysabeau Voisin, avant 1650, dont il eut 6 enfants :

1° Jean, qui suit ; 2° Louis ; 3° André¹ ; 4° Marie, qui épousa François de Rivaudeau, ec., sgr de la Jaulonnière ; 5° Ysabeau-Catherine et 6° Marie-Françoise, qui épousa en premières noces Louis Durand, ec., sgr des Chaussées et en 2ᵉˢ noces Pierre Marchant, ec., sgr de Saint-Martin (1676).

Louis Robert, en 1645, fit un accord pour l'arrentement d'une rente de 70 livres tournois à lui due par demoiselle Ysabelle Le Meignan, veuve et héritière de Mʳᵉ Charles Cherbonneau, sʳ de la Morinière et de la Rouaudière¹.

---

¹ Nous allons donner quelques noms, trouvés çà et là dans les actes authentiques de la famille Robert de Boisfossé. Malgré toutes nos recherches, il a été impossible de les rattacher aux branches connues ; un jour peut-être on pourra combler cette lacune :

1701. Louise Robert est mentionnée comme épouse de Mᵉ Jean Durand, praticien à Nantes.

1701. Louise Robert est également mentionnée dans le même acte que la

D'après un inventaire du mois de mars 1649, messire Louis Robert, haut et puissant seigneur du Boisfossé, possédait :

1° La métairie du dit lieu de Boisfossé, labourée par Pierre Foucquet. Sa part de bestiaux était estimée 411 livres ;

2° La métairie de Logerie, qui lui avait été apportée en dot par son épouse, dame Elisabeth-Ysabeau Voisin et qui était cultivée par Mathurin Jausnet. Il n'avait que la moitié des bestiaux, soit 45 pièces ; l'autre moitié appartenait à ses neveux, les enfants mineurs de feu noble Antoine Voisin, sgr de Logerie. — Sa moitié était estimée 399 livres ;

3° La métairie des Brandes en la Garnache, occupée par Jehan Bethuys, moyennant 148 liv. de ferme. — Les bestiaux appartiennent aussi par moitié aux susdits mineurs — l'autre part est évaluée à 74 liv. plus une cavale (poil alezan) estimée avec son poulain, la somme de 100 liv.

Le 27 mai 1662. — Partage entre messire Louis Robert, éc., sgr de Boisfossé, au nom et comme garde noble de ses six enfants, sa dame étant décédée — et messire Hélie Berlaud, chev. sgr de la Fouscherie, au nom de son épouse Anne Voisin et sa belle-sœur Ysabeau Voisin, demeurant à l'Eulière, paroisse de Chavagnes près Montaigu.

Il s'agissait de la succession de dame Marie Bonnin, mère des dites Anne et Elisabeth Ysabeau Voisin. On fit deux billets qu'on tira au sort. Le 1er billet donna au sieur de Boisfossé une maison avec dépendance, située à Ponthabert — plus une forge, avec enclume et marteau, située au même lieu — plus les terres du fief de Falourde en Soullans — plus 4 charries de terres labourables en Soullandeau. — Le 2e billet échut au sieur de la Fouscherie et lui donna en lot : la métairie de la Fouscherie située en Saint-Hilaire de Riez et consistant en maison avec servitudes et terres labourables.

6. Jean Robert, dut faire preuve de sa noblesse et voici l'acte qui atteste l'authenticité de ses titres seigneuriaux.

précédente, comme épouse de M° Alexandre Seigneuret, sgr de la Chaussée.

1682. Françoise Robert, épousa Claude Dreux, ec., sgr de la Tudarière.

1652. Françoise Robert, épousa Claude de Louvain, sgr de la Gascherie (27 mai).

1682. Marie Robert, épousa noble François Gaudin, sr des Plaids, sénéchal de Retz.

1682. Elisabeth R., épousa noble Louis Riou, sgr des Chassais, demeurant à Saint-Jean de Monts.

1701. Elisabeth R., épousa René de Baye, ec., sgr de l'Estang.

1701. Elisabeth R., émancipée, ayant Louis Rivaudeau pour curateur.

1718. Renée R., épousa Philippe Lingier, chevalier, sgr de la Noue.

Election des Sables.

27 septembre 1667.

Jacques-Honoré Barentin, chevalier, sgr des Hardiviliers, Maisoncelles, les Belles Rives, Madère et, conseiller du Roy en tous ses conseils, maître des requêtes ordinaire départi pour l'exécution des ordres de sa Majesté en la Généralité de Poictiers et des arrêts du conseil des 22 mars 1666 et 5 may 1667, pour la représentation des titres de noblesses, recherche les usurpateurs de la dite qualité et jugement d'yceux ;

Entre le procureur du roy d'une part : et Jean Robert, écuyer sgr de Boisfossé, demeurant paroisse de Challans et Guillaume Robert, écuyer, sgr de Logerie, demeurant paroisse de Saint-Jean de Mont, élection des Sables, deffendeurs d'autre part ;

Veu par nous la déclaration du roy du 22 juin 1664 et adveu rendu par Colas Robert, ec.., fils d'Allain Robert, ec.., fils d'Allain Robert, éc. — au seigneur de la Challonnière, de l'hostel de l'hébergement, de Boisfossé et autres fiefs, receu soubs le scel de la Chèze-Giraud, le 13 mars 1518 ;

Hommage rendu à Mathurin Le Roux, éc. par demoiselle Marguerite du Chaffault, veuve de Nicolas Robert éc., sgr de Chaon, le 27 aoust 1543;

Transaction en forme de partage passée entre Jacques Robert, éc. sgr de Chaon, et Jean Robert, aussi éc., des biens de la succession de Joachim Robert, frère du dit Jean, — receue sous la cour de la Mothe-Achard, le 15 juin 1561 ;

Donation faite entre Jean Robert, éc., et demoiselle Renée Morisson, seig. et dame de Boisfossé, receue soubs la cour de la Mothe-Achard, le 16 juin 1561 ;

Donation faite entre Jean Robert, éc., et demoiselle Renée Morisson, seig. et dame de Boisfossé, receue soubs la cour de la Mothe-Achard, le 4 novembre 1562 ;

Hommage rendu par Claude Robert, éc., au sgr de la Chalonnière, receu soubs la cour de Commequiers, le 2 septembre 1594.

Transaction passée entre demoiselle Louise Robert et Claude Robert, éc., sgr de Boisfossé, du 25 aoust 1599 ;

Contrat de mariage de Claude Robert, fils du dit Jean avec demoiselle Jeanne Rondeau, le 14 mars 1605.

Acte baptismal de Guillaume Robert, éc., fils de Claude Robert et de demoiselle Jeanne Rondeau, du 23 avril 1612 ; contrat de mariage de

Louis Robert éc., fils de Claude Robert et de demoiselle Jeanne Rondeau du 3 avril 1630 ;

Contrat de partage passé entre Louis Robert, éc., sgr de Boisfossé, fils de Claude Robert et de Jeanne Rondeau — et Guillaume, Gilles, Claude et Robert, frères et sœurs, de la succession des dits Claude et Jeanne, le 7 juillet 1634.

Contrat de mariage de Guillaume Robert, avec demoiselle Germaine Bufféchol, receu soubs le scel de Challans, 24 fév. 1650 ;

Contrat de partage fait entre Jean Robert, éc., François de Rivaudeau, éc., sgr de la Jaulonnière, et demoiselle Marie Robert sa femme, demoiselles Ysabeau Catherine, Marie-Françoise et Marie Robert, enfans de Louis Robert, éc., et d'Ysabeau Voisin, des biens paternels et maternels, du 30 may 1663 ;

Testament de Nicolas Robert éc., en faveur de Marguerite du Chaffault, sa 2ᵉ femme et de Claude Robert, son fils ainé, du 25 octobre 1538 ;

Transaction passée entre Claude Robert, éc. sgr de Chaon, fils de Nicolas Robert éc. et de demoiselle Catherine du Tréhan et Marguerite du Chaffault, veuve du dit Nicolas, tant en son nom que comme tutrice de Jean et Renée Robert, ses enfans et du dit feu Nicolas–Joachim Robert 27 avril 1549 ;

Contrat de délaissement fait par demoiselle Marguerite du Chaffaut, dame de Boisfossé à Jean Robert éc. son fils, du 27 avril 1564.

Testament de Marguerite du Chaffault, veuve de Nicolas Robert, éc., sgr de Boisfossé, en faveur de demoiselle marquise du Chaffault, sa nièce, du 8 novembre 1565 ;

Transaction passée entre demoiselle Louise Robert dame de la Rimonnière et Claude Robert, éc. sgr de Boisfossé, du 25 aoust 1599 ;

Généalogie des dits deffendeurs avec l'empreinte de leurs armes : *d'azur au lion d'or rampant ;*

Conclusions du procureur du roy de la commission signées Thovreau, par lesquelles ils n'empeschent que les dits Robert ne soient maintenus en leur qualité de nobles, du 6 juillet 1667 ;

Tout considéré, faisant droit sur l'instance, nous commissaires susdits ordonnons que les dits Jean Robert éc. sgr de Boisfossé et le dit Guillaume Robert éc. sgr de Logerie, leurs successeurs enfens nés et à naître en loyal mariage jouiront en qualité de nobles et escuyers, de tous les privilèges, honneurs et exemptions attribués et accordés par sa majesté aux nobles de son royaume, tant et si longtemps qu'ils ne feront actes derrogeant à noblesse, faisant deffense à toutes personnes de les troubler, à peine de mille livres d'amende et pour cet effet que les dits S. Robert seront inscripts dans le catalogue des gentilshommes de la généralité de Poictiers, qui sera dressé et arrêté conformément au dit arrest du Conseil du dit jour, 22 mars 1666...

Fait à Poictiers, à nostre hostel le 24 septembre 1667.

Signé : BARENTIN.

Vidimée et collationnée par le notaire du marquisat de la Garnache, Louis Durand, éc., sgr des Chaussées, gentilhomme ordinaire de la maison du roy, demeurant au bourg de Saint-Jean-de-Mont.

Messire Jean Robert fit avec noble Louis Pleumogat, un échange par lequel il cédait une maison sise à Challans pour une rente annuelle de 10 liv. (1671). Le 13 février 1690, il paraît comme témoin, en qualité de cousin au 3e degré paternel, dans un acte par lequel Françoise Cormier, veuve de François Robert, ec.., seigneur de la Natais, est nommé tutrice de ses enfants mineurs. Son mariage eut lieu avant 1677. A cette époque, le 30 novembre, il reçut procuration de Marie Berland son épouse, non commune en biens, devant les notaires des chatellenies de Coudrie et des Habittes. Sa cousine Germaine, Marie-Anne Berland, fille de deffunt Elie Berland, sr de la Faucherie, et de Anne Voisin, épousa, le 23 janvier 1682, noble homme René Josnet, sgr de la Navarrière, docteur en medecine, fils de défunt Jean Josnet procureur fiscal de la chatellenie de Saint-Gervais et de Marie Begot.

De son mariage avec Marie Berland, naquirent deux enfants 1° Jean-Louis qui suit ; 2° Anne qui épousa son cousin Jacques Robert, avec une dispense du pape, laquelle dispense fut fulminée le 5 août 1698 par René Moreau, prêtre licencié en droit, chanoine de l'église cathédrale de Luçon, et vice-gérant de l'officialité diocésaine, M. l'official absent.

7. Jean-Louis Robert, ec.., sgr de Boisfossé, épousa en 1702, demoiselle Louise-Renée Barbarin d'Aizénay, sa parente du 2e au 3e degré d'affinité. La dispense fut accordée par le Pape Clément XI, l'auteur de la fameuse bulle *Unigenitus* contre les jansénistes, et porte la date des *Nones* de juillet 1702. Elle fut fulminée le 22 septembre suivant par Me Gabriel des Nouhes, prêtre, licencié en droit, abbé commendataire de l'abbaye de Notre-Dame des Fontenelles, grand vicaire de Mgr l'Evêque de Luçon, chanoine de la cathédrale et official de la cour ecclésiastique. La dite Barbarin était autorisée de sa mère, dame Madelaine de Monsorbier.

Le 30 avril 1703, quittance signée de Jean-Louis-Robert, éc., sgr de Boisfossé, demeurant au Grand-Plessy d'Aizenay.

Le 11 février de la même année, le dit Robert afferme pour 1,000 livres par an à Me André Fradet, S. de Bageonne, notaire à Challans, pour une période de 6 ans, la maison noble de Boisfossé, avec ses dépendances, maison, granges, écuries, jardins, vergers, prés, taillis, garennes, gittes, les tuilleries, la vigne, la poterie, etc.

Veuf en 1706, M⁰ Jean-Louis Robert épouse demoiselle Anne Cherouvier, fille majeure de feu Claude Cherouvrier et de feue Marie Coujaud.

Le contrat de mariage est daté du 15 janv. 1707.

Le 5 févr. de l'année suivante, la dite Anne fait testament en faveur de son mari. Avant 1735, il se marie pour la 4⁰ fois, avec dame Marguerite Le Meignan. Le 3 juin de cette année, a lieu un arrangement de famille entre le dit Jean-Louis, Jean-Prosper son fils, chev. sgr de la Forest, Louis Macé, chev. sgr de la Barbelays et dame Suzanne Macé, épouse de Louis Germon de Rorthais, chev. sgr des Lauriers, pour la succession de dame Sapinault, épouse défunte du dit de Boisfossé et mère du dit sgr de la Forest.

Le 7 juin 1718, Jean-Louis Robert signe au contrat de mariage de son fils avec demoiselle Marie-Renée Lingier et dans la même année, il signe un autre acte avec son fils et sa bru, pour une rente de 161 livres, 5 sols, 3 deniers, dûe sur la métairie de Falourde, à M⁰ Jacques Riou, S. du Planty, demeurant en la ville des Sables. Il parait encore dans deux actes, l'un du 5 nov. 1720 et l'autre du 23 mai 1724.

« Le 15 août 1734, eut lieu dans l'église de Challans, après vêpres, la bénédiction de la grosse cloche. Le parrain fut haut et puissant M⁰ Jean-Louis Robert, chevalier, sgr de Boisfossé et la marraine haute et puissante dame Françoise-Catherine Bouhier de la Vérie, épouse de haut et puissant M⁰ Claude-Gilbert-Robert de Lézardière, chevalier, sgr de la Salle. Laquelle cloche avait été bénite l'an 1659 et la marraine avait été haute et puissante Charlotte de Chateaubrian, dame de la Vérie, grand' mère de Mᵐᵉ de la Salle aujourd'hui marraine. » (Extrait des registres paroissiaux de Challans.)

Le 7 juin 1740, il signe au contrat de mariage d'un de ses petits-fils, Louis-Philippe Robert avec demoiselle Charlotte de la Forès et meurt le 15 juin 1745 à l'âge de 80 ans. Son corps fut inhumé dans l'église paroissiale de Challans et dans la chapelle du Saint-Rosaire.

8. **Jean-Prosper Robert**, éc. sgr de Boisfossé et de la Forest, issu du mariage de Jean-Louis Robert, avec dame Marguerite Sapinaud, fut baptisé, le 20 janvier 1696, dans l'église de Challans.

Le 7 juin 1718, son contrat de mariage est signé avec demoiselle Marie-Renée Lingier, fille de Philippe Lingier, chev. sgr de la Noue et de défunte Renée Robert, en présence de Jean-Louis Robert, éc. sgr de Boisfossé, père, Louis Robert, chev. sgr de Beaufort, oncle paternel, André Robert, chev. sgr de Logerie, oncle paternel, René de Baye, chev. sgr de Lestang, cousin germain paternel, Guillaume Riou, S. de Peublancq, avocat au Parlement, cousin paternel issu de germains, Marguerite-Renée Le Meignant, épouse du dit sgr de Boisfossé. — Il était veuf en 1728.

A cette date fut signé un contrat de mariage avec dame Louise-Anne Le Gasloin, veuve de M° Jacques Brochard sieur de Falidieu, devant M° Joseph Bornet, chevalier, sgr de la Vieille Garnache, curé d'Echasnay, parent éloigné. Il portait alors le titre de ch. sgr de la Forest et demeurait à Beaulieu sous la Roche.

Le 12 août 1730, il afferme à moitié pour 7 ans, à André Giraudet, la métairie noble de Falourde en Soullans.

Le 2 mai 1735, au nom de sa seconde femme, il abandonne pour 50 livres à Charles de la Chaussée, chevalier sgr de Champmargou, la succession des demoiselles de Verduël et de la Chaussée.

Le 3 juin de cette même année, il signe un arrangement avec son père et plusieurs parents pour la succession de sa mère, dame Sapinault.

Il était mort avant le 8 juillet 1739, laissant 4 enfants mineurs : 1° Louis-Philippe, qui suit ; 2° Louis-René ; 3° Françoise, et 4° Marie-Jeanne, tous demeurant à Falourde. Cette dernière épousa Louis-Josse Macé, ec. sgr de la Barbelays.

9. **Louis-Philippe Robert**, ec. sgr de Boisfossé, fut émancipé, avec son frère et sa sœur, par lettres patentes de Louis XIV, en date du 8 juillet 1739.

« Louis, par la grâce de Dieu, roi de France et de Navarre, au premier notre huissier ou sergent sur ce requis de la part de nos amis Louis-Philippe Robert, Louis-René Robert et Françoise Robert, enfants mineurs de defunts Jean-Prosper Robert, écuyer sgr de la Forest et de dame Marie Lingier, son épouse, nous a été exposé qu'ils ont atteint, sçavoir ledit Louis-Philippe l'âge de 17 ans, ledit Louis-René, celluy de 16 ans et ladite Françoise, celluy de 15 ans et s'estant toujours bien comportés, depuis le décès de leurs père et mère, ils sont en estat de jouir des biens qui leur ont esté délaissés, s'il nous plaît leur accorder nos lettres sur ce nécessaires.

A ces causes, désirant subvenir à nos sujets suivant l'exigence des cas, nous te mandons faire commandement de par nous au juge sénéschal de baronnie de Commequiers à Challans que les parents tant paternels que maternels des exposants, comparant par devant luy ou iceux duement appelés, s'il lui appert de ce que dessus et notamment que les exposants ayent atteint l'âge susdit et qu'ils soient capables de régir et gouverner leurs biens ; en ce cas du consentement desdits parents, il permette auxdits exposants de jouir et disposer de leurs biens meubles et du revenu de leurs immeubles, tout ainsy que s'ils étaient en l'âge de majorité, les ayant quant à ce *habilletés* et dispensés, par ces présentes, à la charge néanmoins qu'ils ne pourront vendre, aliéner, ny hypothéquer leurs dits immeubles qu'ils n'ayent atteint l'âge de 25 ans, à peine de nullité.

De ce faire, te donnons les pouvoirs, car tel est nostre plaizir.

Donné à Paris, en nostre chancellerie du pallais et sous le scel d'ycelle, le 8° de juillet de l'an de grâce 1739 et de nostre règne le 24° ».

Par le Conseil : CASTEL.

Les parents étaient : Jean-Louis Robert, ec., sgr de Boisfossé, leur aïeul paternel ; Louis-Josse Macé, ec. sgr de la Barbelays, leur beau-frère ; Jean Bodet, sieur de la Croix, avocat au Parlement, leur parent, Brethé de la Guybretière, époux de dame Marie Lingier, Philippe et Victor Lingier, Jousbert de la Cour, leurs oncles maternels ; Robert de Lezardière, Anthoine-Gabriel Eveillard, Pierre-Louis Robert, chevalier sgr de Lézardière.

Le 7 juin 1740, Louis-Philippe Robert épouse demoiselle Charlotte de la Forès, fille majeure de messire Charles de la Forès, chevalier sgr des Burons et de dame Louise Guairy, demeurant à la Rivière, paroisse de la Garnache. Il est veuf avant le 5 avril 1745, jour qu'il contracte de nouveau mariage avec demoiselle Honorée-Jeanne de la Ferté, fille majeure de messire Jean-Baptiste de la Ferté, chevalier sgr de la Robinière et de dame Honorée Le Maignen, demeurant en la maison de dames de l'Union chrétienne des Sables-d'Olonne. Le contrat fut signé dans la maison noble de la Morinière, paroisse de Commequiers. De ce mariage sont issus deux enfants : 1° Marie-Jeanne ; 2° Suzanne, qui mourut à Challans le 31 décembre 1750 ; elle était née le 2 mai 1746. Leur mère était décédée vers 1748, après avoir testé le 3 août 1747 en faveur de son mari.

Le 29 décembre 1750, Louis Philippe, se marie pour la 3e fois avec demoiselle Honorée-Eléonore Robert de la Jarrie, fille mineure de défunt François Robert, chev. sgr de la Jarrie et des Châteigners et de dame Jeanne Barathin, et nièce de M. Claude-Gilbert-Robert de Lézardière, chev. sgr de la Salle.

Il vend, de concert avec son épouse, le 16 fév. 1765, pour une rente annuelle et perpétuelle de 350 livres, la métairie de la petite Baconnière sise en Soullans, à Gilbert-Marie Grelier, sieur de Monic, capitaine d'artillerie du bataillon garde-côtes de Beauvoir-sur-Mer.

Le 11 juillet 1766, il partage avec son beau-frère Macé de la Barbelays, l'héritage laissé par son défunt père et le 9 fév. 1773, du consentement de sa femme, il cède à Barteau, meunier, pour 15 livres de rente annuelle et perpétuelle, la Vigne des Martinières, sise en Soullans. Il mourut en 1785, ayant eu 10 enfants :

1° Suzanne, morte en 1750.

2° Marie-Jeanne qui vivait encore en 1825 et obtient à cette époque une pension royale de 300 fr., comme l'établit la pièce suivante :

MAISON DU ROI

Pensions sur la liste civile.

Registre 2. N° d'ordre 354.

Le Roi, connaissant le dévouement et les malheurs de Mme Robert de Boisfossé, Marie-Jeanne, chanoinesse, née le 5 janvier 1756, à Challans, a daigné par décision du 30 janvier 1825, lui accorder une pension de 300 fr. sous la retenue de 3 %, conformément à la décision du 22 décembre 1817.

Cette pension dont la jouissance courra du 1er avril, 1825, sera acquittée au trésor de la liste civile (aux Tuileries) de 3 mois en 3 mois, après que le présent brevet y aura été enregistré et sur la présentation du certificat de vie du titulaire.

Fait à Paris. le 12 février 1825.

Le ministre secrétaire d'Etat de la maison du Roi.

Duc de Doudeauville.

Par le ministre et par ordre :

Le baron de Wolbock.

3° René-Prosper Alexandre, qui suit ;

4° L'abbé Robert, qui signe un acte en 1791 sur les registres paroissiaux de Challans ;

5° Françoise, qui épousa Charles-Georges-Lubin Mangin Douïnce de la Roche-Posay (Vienne) ;

6° Geneviève qui épousa Alexis Pichard, de Fontenay ;

7° Marie-Eléonore, de Challans (ou Mariette).

8° Rose qui épousa Charles-Armand Biaille de Germon, médecin à Poitiers et qui par testament en date du 12 juin 1827, fit les donations suivantes :

« 1° A Marie, sa sœur une rente viagère de 600 fr. ;

« 2° A Louise-Françoise-Honorée, son autre sœur, veuve Mangin, une rente viagère de 400 fr.

« 3° A Marie-Estelle Pichard du Paty, sa nièce, épouse de M. de Chateaubriant, l'usufruit et à sa fille Rose-Estelle, la nue propriété d'une rente de 300 fr. due par M. de Richeteau, chevalier de la Coindrie et sa veuve M™ᵉ de Tervez. Mᵉ de Chateaubriant avait déjà pour dot le domaine de la Mothe, en Saint-Sulpice ;

« 4° Au séminaire de Poitiers, 6,000 fr. ;

« 5° A Alexandre et Rose-Julie Robert de Boisfossé, son neveu et sa nièce : Les métairies de Frence, (commune de Mouzeil), de la Bernegoud, (commune de la Flocellière), de la Basse-Ganonnière (même commune) la borderie de la Chabotrie (commune de la Pommeraye) 12 charries et 2 demi-journaux de pré à Challans, enfin une rente perpétuelle de 550 fr. due par le comte Joseph de Tarvez.

« 6° A Charles Fichard du Paty son neveu, la métairie des Touches (cⁿᵉ du Simon) une maison à Fontenay et une rente perpétuelle de 450 l. due par le comte de Tervez ;

« 7° Au curé de la paroisse, 1,000 fr. de messes ».

9° Rosalie, nommée dans un acte du 25 septembre 1791.

10° Henry qui émigra, fut pris à Quiberon et fusillé à Auray le 29 juillet 1795[1].

On sait que sous le commandement de Sombreuil, les émigrés descendirent et furent battus par le général républicain Hoche, dans la presqu'île de Quiberon. Au moment de la capitulation, des engagements furent pris de part et d'autre, mais au mépris de la foi jurée, les républicains livrèrent à la mort les royalistes trop confiants. Cependant il est juste de dire que plusieurs officiers de la 19ᵉ demi-brigade eurent le courage de dire avec le commandant Douillard : « J'ai prononcé avec tous mes camarades le mot de capitulation. Je ne puis juger ceux que j'ai absous le sabre à la main. »

Les royalistes firent scrupuleusement honneur à leur parole.

Le chevalier Robert de Boisfossé crut faire une chose toute simple, lorsque le lendemain matin (26 juin 1795) se trouvant dans un fossé où il était tombé de lassitude et de sommeil, il reprit sans hésiter le chemin d'Auray, que suivaient ses compagnons d'armes pour aller à la mort. Des femmes cependant lui disaient : « Jetez-vous dans la traverse et à trois quarts de lieue, vous trouverez les chouans. » — « Cela m'est impossible, répondit-il ; je suis engagé par la parole de mon chef ; je veux d'ailleurs partager le sort de mes camarades ! » — Et il se rendit dans la prison sans paraître même se douter qu'il eût fait une action sublime. C'était un homme de beaucoup d'esprit, et de

---

[1] Les notes qui suivent sont empruntées au livre de M. Eugène de la Gournerie : *Les débris* de Quiberon

grande valeur. Destiné, au moment de la Révolution à entrer dans les ordres, comme son frère, les circonstances lui firent suivre une carrière bien différente qu'il parcourut brillamment et qu'il finit par le martyre.

M. de Boisfossé fut au nombre des premiers condamnés et fut fusillé, le 29 juillet 1795 dans la prairie du Kerzo, avec Pic de la Mirandole, Jean de la Haye, Morisson de la Bassetière, etc. On sait que les ossements de ces martyrs ont été transportés sur le coteau dans l'ancienne chartreuse de Saint-Michel, édifiée sur le champ de bataille où Jean de Montfort conquit définitivement la couronne ducale de Bretagne, le 29 septembre 1364. Ainsi les preux du XVIII° siècle dorment leur sommeil à côté des preux du moyen âge.

Voici les noms de quelques Vendéens, fusillés à la suite de l'affaire de Quiberon.

Louis-François Henri Morisson de la Bassetière ; Calixte Charles Morisson de la Bassetière ; L'abbé Gourreau, curé de Saint-André ; l'abbé J. B René Gaignet, vicaire à Doix; Louis-Benjamin de Guerry de Beauregard ; Honoré-Henri-Jérôme de Ponsay ; Donatien-Rogatien Rouault des Raillières en Challans ; l'abbé Rieussec, vic. gén. de Luçon.

René-Claude de la Rochefoucauld-Bayers ;

Victor-Alexandre de la Roche Saint-André ; etc. etc. Louis-Philippe Robert de Boisfossé mourut avant le 16 juin 1785. Son épouse, dame Eléonore Robert fut condamnée à mort le 14 floréal de l'an II (3 mai 1794), par le tribunal révolutionnaire de Nantes. Voici le texte de son « *jugement.* »

Extrait des Registres du greffe du tribunal révolutionnaire du département de la Loire-Inférieure, séant à Nantes.

AU NOM DU PEUPLE FRANÇAIS.

Le 14 floréal, de l'an IIe de la R. F. une et indivisible.

Les juges formant le tribunal révolutionnaire du district de la Loire-Inférieure, séant à Nantes, après avoir entendu, Lecoq, accusateur public dans son accusation contre Eléonore Robert, âgée de 64 ans, ex-noble et domiciliée à Machecoul, et native des Sables-d'Olonne, veuve de Louis Robert, ex noble, ayant 7 enfants, présente ;

Lecture faite, en présence de témoins ci-après, de la loi du 5 pluviôse, relative aux faux témoins ;

Les témoins assermentés dans leurs dépositions orales, reçues en présence de l'accusée, cette dernière dans ses interrogatoires et Lecoq accusateur public dans ses conclusions, chaque juge, ayant donné son avis séparément et à haute voix, le président a prononcé le jugement suivant:

Le tribunal considérant qu'il résulte des dépositions des témoins, aveux et reconnaissance d'Eléonore Robert, veuve Robert, accusée, ex-noble, qu'elle a dés avant l'insurrection tenu les discours et la conduite d'une ennemie jurée de la Révolution et d'une fanatique décidée, pendant que les brigands étaient en possession de Machecoul, elle insultait au malheur des patriotes prisonniers et disait que c'était le tour des aristocrates d'être les maîtres, qu'elle faisait sa compagnie unique des Charet, des Cathelinière, des Bretaud et autres scélérats, chefs de brigands, que dans le temps que ceux-ci s'abreuvaient du sang des patriotes, leurs prisonniers, elle fréquentait journellement avec Cathelinière, le Comité des brigands, qui ordonnait ces horribles massacres ; et qu'elle jouissait en ce Comité d'une grande influence ;

Donné pour constant que la dite Robert est une contrerévolutionnaire et une instigatrice qui de son mieux a coopéré aux émeutes et révoltes des campagnes ;

En conséquence la condamne conformément aux lois des 19 mars, 10 mai et 5 juillet (style esclave) à *la peine de mort* et suivant l'article 7 de la dite loi du 19 mars, déclare ses biens acquis et confisqués au profit de la République, ordonne que le présent jugement qui sera exécuté de jour et dans les 24 heures, sera imprimé et affiché partout où besoin sera et envoyé au département pour la conservation des biens.

Fait en l'audience publique où présidait Lepelay et assistaient Pellerin, Le Normand, Daverst, et Le Roux, juges, qui ont signé la minute du présent.

Les documents et les notes qui suivent regardent aussi la période révolutionnaire :

Le 28 messidor an IV (16 juillet 1796) :

Département de la Vendée.

Au nom de la loi

Le fermier de la métairie de Boisfossé, propriété nationale, située en la commune de Challans, est requis, dans la personne du citoyen Jacques Couton, colon de la métairie, de fournir un bœuf, ou une vache du poids de cinq cents, pour le besoin de la force armée de l'arrondissement de Challans et de le conduire de suite au parc de la boucherie militaire de cette place, de laquelle livraison le prix lui sera payé à la première rentrée des fonds, ou passé en compte sur ses prix de ferme.

En administration municipale à Challans, le 28 messidor an IV, de la R. F. une et indivisible.

Signé : MERLAND, RABLOT.

« Le 14 pluviôse an V (2 février 1797) Thérèze Moreau, veuve de Françoise Ricoleau, demeurant à Saint-Hilaire de Rié, expose aux administrateurs qu'au mois de novembre (le 15) 1790, elle prit à titre de ferme la maison principale et métairie de Boisfossé, pour la somme annuelle de 1400 livres ; que de cette ferme, il dépendait des droits de terrage, cens, rentes..... que tous les droits féodaux ayant été supprimés, elle demande que la valeur du revenu des dits fiefs lui soit déduite sur ses prix de ferme, sur le pied qu'ils avaient été affermés. » Comme quelques-uns des propriétaires de la dite maison, étaient à cette époque inscrits sur la liste des émigrés, le receveur des domaines nationaux poursuivait l'exposante pour avoir les prix de ferme échus de la terre de Boisfossé.

D'autre part, l'année précédente, le 7 vendémiaire an V (28 septembre 1796, Marie-Eléonore Robert, en son nom et au nom de ses sœurs, faisait défense à la veuve Moreau, à Ricoleau et à Crochet, fermiers de Boisfossé, de payer leur ferme à d'autres qu'à elle sous peine de payer deux fois, attendu qu'elle et ses parents étaient rayés de la liste des émigrés comme elle le prouverait, quand besoin serait.

Le 25 germinal an V. (14 avril 1797) Mariette Robert en son nom et au nom de ses sœurs, accepte la résiliation du bail de Boisfossé, fait à Claude Boisard de Croix-de-Vie, à la veuve et aux héritiers Ricoleau, à la charge par eux de ne demander aucune indemnité pour les semences fournies dans les emblaisons du jardin et du paty, ni pour le poisson qui peut se trouver dans les douves. »

Le 25 messidor an V (13 juillet 1797) Marie Robert, en son nom et au nom de ses sœurs, Geneviève épouse d'Alexis Pichard, Rose, épouse d'Armand Biaille et Françoise femme Mangin, afferme pour deux ans, la maison, le jardin de Boisfossé et 3 pièces de terre, pour la somme de 303 liv., sans que les maitresses soient tenues de faire réparer la maison délabrée par les suites de la guerre, à Jacques Crochet, de Soullans.

Le 15 août 1797, la même afferme 4 charries, situées auprès des Noues et de la Vérie, au nommé Biron, pour la somme de 100 livres

Le 26 thermidor an VI (13 août 1798), Alexis Pichard d'accord avec ses deux beaux-frères, afferme pour 7 ans et pour la rente annuelle de 630 livres, la métairie de Boisfossé, à Marie Geay, veuve de Pierre Couton et à Jacques Couton.

Le 15 germinal an IV (5 avril 1800) la famille Robert afferme une borderie de Boisfossé pour servir à fabriquer des tuiles. (On ne fabrique plus de tuiles dans cet endroit, mais la maison de ferme en a conservé le nom et se trouve auprès d'un puits, sur le bord de la route de Challans.

Etat indicatif des droits féodaux, supprimés pendant
la Révolution, sur les terres de Boisfossé.

1° *Fiefs situés en Soullans.*

Le fief des Landes (200 charries) terrageant au sixte et dont était due la 13° partie du terrage produisant par an 20 gerbes de seigle, 6 de gaboreau et 2 de baillarge.

Le fief des Guimaudières dans les terres fortes (100 charries) dont la moitié était chaque année du froment et l'autre du mil ou de la jarosse, terrageant au sixte et dont était due la 18° partie du terrage produisant 14 gerbes de froment par an et 4 boisseaux de mil, jarosse et vesce.

Le fief des Moulins et Bois-Ménard (213 ch.) dont était due la 33° partie du terrage produisant 24 gerbes de seigle.

Le fief des Calandrières (200 ch.) terrageant au sixte et dont était due la 48° partie, soit 8 gerbes de seigle.

Le grand fief commun au Palais (300 ch.) terrageant au sixte et dont était due la 32° partie, produisant en valeur des gerbes des rives du marais, 18 gerbes de froment, 2 gaboreau et 2 creches ou 1 boisseau 1/2 de fèves.

Le fief de la Truie dans le marais (11 ch.) terrageant aussi à la 6° partie, dont le terrage entièrement dû à la maison de Boisfossé, produit en valeur des gerbes des rives du marais, 18 gerbes de froment, 10 de gaboreau et 4 crèches ou 3 boisseaux de fèves.

Total des gerbes réduites en boisseaux :

Froment.........	gerbes : 27	boisseaux :	9
Seigle..	» 30	»	10
Gaboreau.........	» 14	»	4
Baillarge........	» 2	»	»
Crèches de fèves...	» 6	»	4

Mil, jarosse et vesce se réduit à 2 boisseaux.

2° *Fief de Challans.*

Le fief Botreau (24 ch.) terrageant au sixte et produisant 40 gerbes de seigle ; 36 charries de ce fief dépendent de la métairie de Boisfossé, et terragent aussi à la 6° partie, produisant 60 gerbes de blé de seigle. Mais comme le fermier de ladite métairie a bénéficié de la moitié de ce terrage, il ne faut compter que 18 charries terrageables dont le terrage est perdu : ce qui se réduit à 18 charries produisant 30 gerbes de seigle.

Total : Seigle, gerbe : boisseaux : 18.
Rentes : seigle : 10 boisseaux, avoine : 2 boisseaux.
Cens : Poulets et chapons.

10. Alexandre Robert de Boisfossé émigra pendant la Révolution rançaise, mais il était rentré en France, avant le 28 septembre 1796 comme nous l'apprend un acte cité plus haut.

A la date du 7 fructidor an X (25 août 1802), on lit sur les registre, de Challans la note suivante :

« Le sieur Robert de Boisfossé est parti de cette commune, le 1er de ce mois, sans savoir où il a été. Ayant été vu, sur la route des Sables, on peut présumer qu'il est à Fontenay.

M. Alexandre Robert de Boisfossé laissa deux enfants : 1° Alexandre qui suit et 2° Rosine.

11° Alexandre-Robert de Boisfossé reçut la lettre suivante qui est une louange pour son père :

Armée catholique et royale de la Vendée.

Au nom du Roi,

En vertu des services rendus par M. Louis Alexandre Robert de Boisfossé à la cause royale.

J'autorise M. Alexandre Robert, son fils, à porter la décoration de la fleur de lys.

La Gaubretière, le 18 juillet 1814.

Place du
    Sceau

DE SAPINAUD, *général en chef vendéen.*

D'azur à 3 fleurs
  de lys d'or.

M. Alexandre Robert de Boisfossé eut trois enfants : 1° Xavier, mort à l'âge de 22 ans ; 2° Marie-Anne, qui a épousé M. le vicomte Walsh de Serrant ; 3° Alexandre, qui suit :

12° M. Alexandre Robert de Boisfossé héritier de la foi et de la fortune de ses ancêtres, habite le château de Léquaizière, paroisse de la Garnache et possède toujours les belles métairies de Boisfossé, qui sont situées sur la paroisse de Challans.

Ayant épousé Mlle Marie Le Maignan de l'Ecorse, il en a trois enfants : 1° Joseph ; 2° Henri ; 3° Bathilde. A plusieurs reprises déjà dans le cours des âges, les membres de ces deux honorables familles avaient contracté des alliances matrimoniales. Cette dernière union sera aussi heureuse que les précédentes : C'est du moins notre vœu le plus ardent !

www.ingramcontent.com/pod-product-compliance
Lightning Source LLC
Chambersburg PA
CBHW060934050426
42453CB00010B/2007

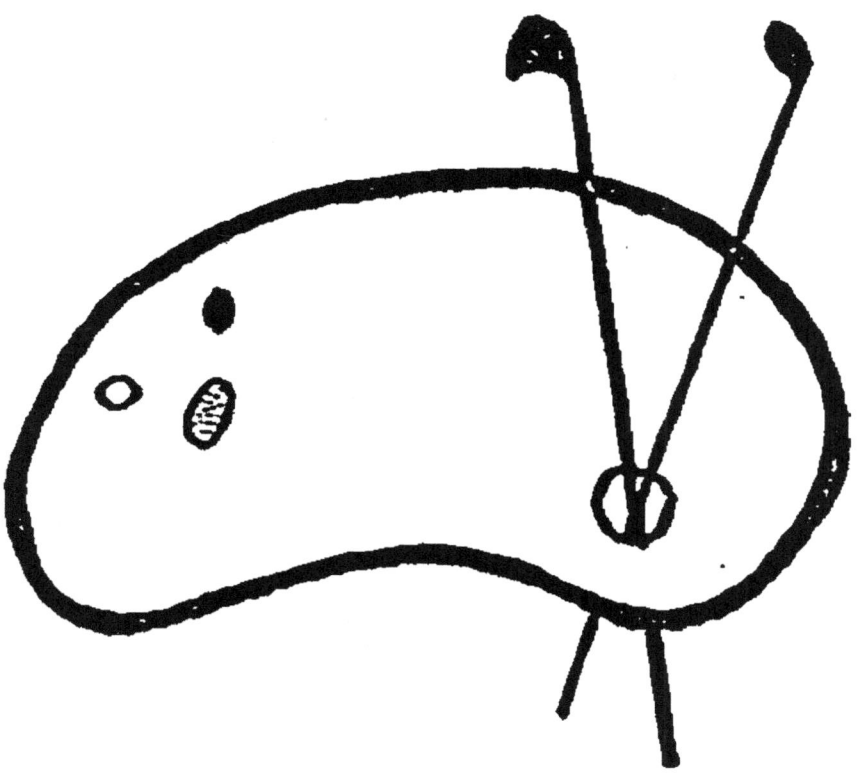

DÉBUT D'UNE SÉRIE DE DOCUMENTS
EN COULEUR

Carlos